The BARBECUE SMOKER'S JOURNAL

54 SHEETS TO LOG, TRACK AND IMPROVE YOUR PROCESS

DATE: _____ _____ _____

TITLE:

....

....

MEAT:

....

....

NOTES:

....

....

....

WEIGHT:

....

WOOD:

....

PREPARATION:

....

....

....

....

MARINADE/RUB – MOP/BASTE:

....

....

....

....

....

....

....

....

....

COOKING NOTES:

....

....

....

....

....

....

....

....

COOKING TIME:
....

WEATHER:
....

RESULTS:
....

....

....

....

....

RATING: 1   2   3   4   5   6   7   8   9   10
....

ADDITIONAL NOTES:
....

....

....

....

TITLE:
....
....

MEAT:
....

NOTES:
....
....
....

WEIGHT:
....

WOOD:
....

PREPARATION:
....
....
....

MARINADE/RUB – MOP/BASTE:
....
....
....
....
....
....
....
....
....

COOKING NOTES:

....

....

....

....

....

....

....

COOKING TIME:

....

WEATHER:

....

RESULTS:

....

....

....

....

....

RATING: 1   2   3   4   5   6   7   8   9   10

ADDITIONAL NOTES:

....

....

....

....

....

TITLE:

....

....

MEAT:

....

....

NOTES:

....

....

....

....

WEIGHT:

....

WOOD:

....

PREPARATION:

....

....

....

....

MARINADE/RUB – MOP/BASTE:

....

....

....

....

....

....

....

....

....

COOKING NOTES:

....

....

....

....

....

....

....

....

....

....

....

....

COOKING TIME:

....

WEATHER:

....

RESULTS:

....

....

....

....

....

RATING: 1   2   3   4   5   6   7   8   9   10

....

ADDITIONAL NOTES:

....

....

....

....

TITLE:
....
....

MEAT:
....

....

NOTES:
....

....

....

WEIGHT:
....

WOOD:
....

PREPARATION:
....

....

....

....

MARINADE/RUB – MOP/BASTE:
....

....

....

....

....

....

....

....

....

COOKING NOTES:

....

....

....

....

....

....

....

....

COOKING TIME:

....

WEATHER:

....

RESULTS:

....

....

....

....

RATING: 1   2   3   4   5   6   7   8   9   10

ADDITIONAL NOTES:

....

....

....

....

TITLE:

....

MEAT:

....

NOTES:

....

....

WEIGHT:

....

WOOD:

....

PREPARATION:

....

....

....

MARINADE/RUB – MOP/BASTE:

....

....

....

....

....

....

....

....

....

COOKING NOTES:

....

....

....

....

....

....

....

....

COOKING TIME:
....

WEATHER:
....

RESULTS:
....

....

....

....

....

| **RATING:** | 1 | 2 | 3 | 4 | 5 | 6 | 7 | 8 | 9 | 10 |

ADDITIONAL NOTES:
....

....

....

....

....

DATE: _____ _____ _____

TITLE:
....

....

MEAT:
....

....

NOTES:
....

....

....

WEIGHT:
....

WOOD:
....

PREPARATION:
....

....

....

....

MARINADE/RUB – MOP/BASTE:
....

....

....

....

....

....

....

....

....

COOKING NOTES:

....

....

....

....

....

....

....

....

....

....

COOKING TIME:
....

WEATHER:
....

RESULTS:
....

....

....

....

....

RATING:　　1　　2　　3　　4　　5　　6　　7　　8　　9　　10

ADDITIONAL NOTES:

....

....

....

....

TITLE:
....

....

MEAT:
....

....

NOTES:
....

....

....

WEIGHT:
....

WOOD:
....

PREPARATION:
....

....

....

MARINADE/RUB – MOP/BASTE:
....

....

....

....

....

....

....

....

COOKING NOTES:

COOKING TIME:

WEATHER:

RESULTS:

RATING: 1   2   3   4   5   6   7   8   9   10

ADDITIONAL NOTES:

DATE: _____ _____ _____

TITLE:
....

MEAT:
....

NOTES:
....

....

....

WEIGHT:
....

WOOD:
....

PREPARATION:
....

....

....

....

MARINADE/RUB – MOP/BASTE:
....

....

....

....

....

....

....

....

....

COOKING NOTES:

....

....

....

....

....

....

....

....

....

COOKING TIME:

....

WEATHER:

....

RESULTS:

....

....

....

....

....

RATING: 1   2   3   4   5   6   7   8   9   10

ADDITIONAL NOTES:

....

....

....

....

TITLE:

....

MEAT:

....

NOTES:

....

....

....

WEIGHT:

....

WOOD:

....

PREPARATION:

....

....

....

MARINADE/RUB – MOP/BASTE:

....

....

....

....

....

....

....

....

....

COOKING NOTES:

....

....

....

....

....

....

....

....

....

....

COOKING TIME:

....

WEATHER:

....

RESULTS:

....

....

....

....

....

RATING: 1 2 3 4 5 6 7 8 9 10

ADDITIONAL NOTES:

....

....

....

....

....

TITLE:
....

....

MEAT:
....

....

NOTES:
....

....

....

WEIGHT:
....

WOOD:
....

PREPARATION:
....

....

....

MARINADE/RUB – MOP/BASTE:
....

....

....

....

....

....

....

....

COOKING NOTES:

....

....

....

....

....

....

....

....

....

....

....

COOKING TIME:

....

WEATHER:

....

RESULTS:

....

....

....

....

....

....

RATING:	1	2	3	4	5	6	7	8	9	10

ADDITIONAL NOTES:

....

....

....

....

....

DATE: _____ _____ _____

TITLE:
....
....

MEAT:
....

NOTES:
....
....
....

WEIGHT:
....

WOOD:
....

PREPARATION:
....
....
....

MARINADE/RUB – MOP/BASTE:
....
....
....
....
....
....
....
....
....

COOKING NOTES:

COOKING TIME:

WEATHER:

RESULTS:

RATING: 1 2 3 4 5 6 7 8 9 10

ADDITIONAL NOTES:

DATE: _____ _____ _____

TITLE:
....

....

MEAT:
....

....

NOTES:
....

....

....

WEIGHT:
....

WOOD:
....

PREPARATION:
....

....

....

....

MARINADE/RUB – MOP/BASTE:
....

....

....

....

....

....

....

....

....

COOKING NOTES:

....

....

....

....

....

....

....

....

....

....

COOKING TIME:

....

WEATHER:

....

RESULTS:

....

....

....

....

....

RATING: 1   2   3   4   5   6   7   8   9   10

ADDITIONAL NOTES:

....

....

....

....

....

DATE: _____ _____ _____

TITLE:

....

....

MEAT:

....

....

NOTES:

....

....

....

WEIGHT:

....

WOOD:

....

PREPARATION:

....

....

....

....

MARINADE/RUB – MOP/BASTE:

....

....

....

....

....

....

....

....

....

COOKING NOTES:

....

....

....

....

....

....

....

....

COOKING TIME:

....

WEATHER:

....

RESULTS:

....

....

....

....

RATING: 1   2   3   4   5   6   7   8   9   10

ADDITIONAL NOTES:

....

....

....

....

....

TITLE:

....

....

MEAT:

....

....

NOTES:

....

....

....

WEIGHT:

....

WOOD:

....

PREPARATION:

....

....

....

MARINADE/RUB – MOP/BASTE:

....

....

....

....

....

....

....

....

COOKING NOTES:

....

....

....

....

....

....

....

....

COOKING TIME:

....

WEATHER:

....

RESULTS:

....

....

....

....

....

| **RATING:** | 1 | 2 | 3 | 4 | 5 | 6 | 7 | 8 | 9 | 10 |

ADDITIONAL NOTES:

....

....

....

....

....

DATE: _____ _____ _____

TITLE:

....

....

MEAT:

....

....

NOTES:

....

....

....

WEIGHT:

....

WOOD:

....

PREPARATION:

....

....

....

MARINADE/RUB – MOP/BASTE:

....

....

....

....

....

....

....

....

....

COOKING NOTES:

....

....

....

....

....

....

....

COOKING TIME:

....

WEATHER:

RESULTS:

....

....

....

....

....

RATING:	1	2	3	4	5	6	7	8	9	10

ADDITIONAL NOTES:

....

....

....

....

....

DATE: _____ _____   _____

TITLE:
....
....

MEAT:
....
....

NOTES:
....
....
....
....

WEIGHT:
....

WOOD:
....

PREPARATION:
....
....
....

MARINADE/RUB – MOP/BASTE:
....
....
....
....
....
....
....
....
....

COOKING NOTES:

....

....

....

....

....

....

....

....

....

....

COOKING TIME:

....

WEATHER:

....

RESULTS:

....

....

....

....

....

RATING: 1   2   3   4   5   6   7   8   9   10

....

ADDITIONAL NOTES:

....

....

....

....

....

TITLE:
....
....

MEAT:
....

....

NOTES:
....

....

....

WEIGHT:
....

WOOD:
....

PREPARATION:
....

....

....

MARINADE/RUB – MOP/BASTE:
....

....

....

....

....

....

....

....

COOKING NOTES:

....

....

....

....

....

....

....

....

COOKING TIME:

....

WEATHER:

....

RESULTS:

....

....

....

....

....

RATING:　　　1　　2　　3　　4　　5　　6　　7　　8　　9　　10

ADDITIONAL NOTES:

....

....

....

....

....

TITLE:
....
....

MEAT:
....
....

NOTES:
....
....
....

WEIGHT:
....

WOOD:
....

PREPARATION:
....
....
....

MARINADE/RUB – MOP/BASTE:
....
....
....
....
....
....
....
....
....

COOKING NOTES:

....

....

....

....

....

....

....

....

....

....

....

....

COOKING TIME:

....

WEATHER:

....

RESULTS:

....

....

....

....

....

....

....

| **RATING:** | 1 | 2 | 3 | 4 | 5 | 6 | 7 | 8 | 9 | 10 |

ADDITIONAL NOTES:

....

....

....

....

....

DATE: _____ _____ _____

TITLE:
....

MEAT:
....

NOTES:
....

....

WEIGHT:
....

WOOD:
....

PREPARATION:
....

....

....

MARINADE/RUB – MOP/BASTE:
....

....

....

....

....

....

....

....

COOKING NOTES:

....
....
....
....
....
....
....
....
....
....

COOKING TIME:
....

WEATHER:
....

RESULTS:
....
....
....
....
....

RATING: 1   2   3   4   5   6   7   8   9   10

ADDITIONAL NOTES:
....
....
....
....
....

TITLE:
....
....

MEAT:
....
....

NOTES:
....
....
....

WEIGHT:
....

WOOD:
....

PREPARATION:
....
....
....

MARINADE/RUB – MOP/BASTE:
....
....
....
....
....
....
....
....
....

COOKING NOTES:

....

....

....

....

....

....

....

COOKING TIME:

....

WEATHER:

....

RESULTS:

....

....

....

....

RATING:	1	2	3	4	5	6	7	8	9	10

ADDITIONAL NOTES:

....

....

....

....

TITLE:

....

....

MEAT:

....

....

NOTES:

....

....

....

WEIGHT:

....

WOOD:

....

PREPARATION:

....

....

....

MARINADE/RUB – MOP/BASTE:

....

....

....

....

....

....

....

....

COOKING NOTES:

....

....

....

....

....

....

....

....

....

....

COOKING TIME:

....

WEATHER:

....

RESULTS:

....

....

....

....

....

....

RATING:　　1　　2　　3　　4　　5　　6　　7　　8　　9　　10

ADDITIONAL NOTES:

....

....

....

....

....

TITLE:
....
....

MEAT:
....
....

NOTES:
....
....
....

WEIGHT:
....

WOOD:
....

PREPARATION:
....
....
....

MARINADE/RUB – MOP/BASTE:
....
....
....
....
....
....
....
....

COOKING NOTES:

....

....

....

....

....

....

....

....

....

....

COOKING TIME:

....

WEATHER:

....

RESULTS:

....

....

....

....

....

....

RATING: 1   2   3   4   5   6   7   8   9   10

ADDITIONAL NOTES:

....

....

....

....

....

TITLE:

....

....

MEAT:

....

....

NOTES:

....

....

....

WEIGHT:

....

WOOD:

....

PREPARATION:

....

....

....

MARINADE/RUB – MOP/BASTE:

....

....

....

....

....

....

....

....

COOKING NOTES:

....

....

....

....

....

....

....

COOKING TIME:

....

WEATHER:

....

RESULTS:

....

....

....

....

....

RATING: 1   2   3   4   5   6   7   8   9   10

ADDITIONAL NOTES:

....

....

....

....

TITLE:

....

....

MEAT:

....

....

NOTES:

....

....

....

WEIGHT:

....

WOOD:

....

PREPARATION:

....

....

....

....

MARINADE/RUB – MOP/BASTE:

....

....

....

....

....

....

....

....

....

....

COOKING NOTES:

....

....

....

....

....

....

....

COOKING TIME:

....

WEATHER:

....

RESULTS:

....

....

....

....

| **RATING:** | 1 | 2 | 3 | 4 | 5 | 6 | 7 | 8 | 9 | 10 |

....

ADDITIONAL NOTES:

....

....

....

....

....

TITLE:

....

....

MEAT:

....

....

NOTES:

....

....

....

WEIGHT:

....

WOOD:

....

PREPARATION:

....

....

....

MARINADE/RUB – MOP/BASTE:

....

....

....

....

....

....

....

....

COOKING NOTES:

....

....

....

....

....

....

....

....

....

COOKING TIME:

....

WEATHER:

RESULTS:

....

....

....

....

....

RATING:	1	2	3	4	5	6	7	8	9	10

ADDITIONAL NOTES:

....

....

....

....

TITLE:

....

....

MEAT:

....

....

NOTES:

....

....

....

WEIGHT:

....

WOOD:

....

PREPARATION:

....

....

....

MARINADE/RUB – MOP/BASTE:

....

....

....

....

....

....

....

....

COOKING NOTES:

....

....

....

....

....

....

....

....

COOKING TIME:

....

WEATHER:

....

RESULTS:

....

....

....

....

....

RATING: 1   2   3   4   5   6   7   8   9   10

ADDITIONAL NOTES:

....

....

....

....

TITLE:

....

....

MEAT:

....

....

NOTES:

....

....

....

....

WEIGHT:

....

WOOD:

....

PREPARATION:

....

....

....

....

MARINADE/RUB – MOP/BASTE:

....

....

....

....

....

....

....

....

....

COOKING NOTES:

....

....

....

....

....

....

....

....

COOKING TIME:

....

WEATHER:

....

RESULTS:

....

....

....

....

....

| **RATING:** | 1 | 2 | 3 | 4 | 5 | 6 | 7 | 8 | 9 | 10 |

ADDITIONAL NOTES:

....

....

....

....

DATE: _____ _____ _____

TITLE:

....

....

MEAT:

....

....

NOTES:

....

....

....

WEIGHT:

....

WOOD:

....

PREPARATION:

....

....

....

MARINADE/RUB – MOP/BASTE:

....

....

....

....

....

....

....

....

COOKING NOTES:

....

....

....

....

....

....

....

....

....

COOKING TIME:

....

WEATHER:

....

RESULTS:

....

....

....

....

....

RATING: 1   2   3   4   5   6   7   8   9   10

....

ADDITIONAL NOTES:

....

....

....

....

....

TITLE:
....

....

MEAT:
....

....

NOTES:
....

....

....

WEIGHT:
....

WOOD:
....

PREPARATION:
....

....

....

MARINADE/RUB – MOP/BASTE:
....

....

....

....

....

....

....

....

....

COOKING NOTES:

COOKING TIME:

WEATHER:

RESULTS:

RATING: 1   2   3   4   5   6   7   8   9   10

ADDITIONAL NOTES:

TITLE:

....

....

MEAT:

....

....

NOTES:

....

....

....

WEIGHT:

....

WOOD:

....

PREPARATION:

....

....

....

MARINADE/RUB – MOP/BASTE:

....

....

....

....

....

....

....

....

....

COOKING NOTES:

....

....

....

....

....

....

....

....

....

....

....

....

COOKING TIME:
....

WEATHER:
....

RESULTS:
....

....

....

....

....

....

....

RATING: 1   2   3   4   5   6   7   8   9   10

ADDITIONAL NOTES:

....

....

....

....

....

TITLE:

....

MEAT:

....

NOTES:

....

....

WEIGHT:

....

WOOD:

....

PREPARATION:

....

....

MARINADE/RUB – MOP/BASTE:

....

....

....

....

....

....

....

....

COOKING NOTES:

COOKING TIME:

WEATHER:

RESULTS:

RATING: 1   2   3   4   5   6   7   8   9   10

ADDITIONAL NOTES:

TITLE:

....

....

MEAT:

....

....

NOTES:

....

....

....

WEIGHT:

....

WOOD:

....

PREPARATION:

....

....

....

MARINADE/RUB – MOP/BASTE:

....

....

....

....

....

....

....

....

....

COOKING NOTES:

....

....

....

....

....

....

....

COOKING TIME:
....

WEATHER:
....

RESULTS:
....

....

....

....

RATING:	1	2	3	4	5	6	7	8	9	10

ADDITIONAL NOTES:

....

....

....

....

DATE: _____ _____ _____

TITLE:

....

....

MEAT:

....

....

NOTES:

....

....

....

WEIGHT:

....

WOOD:

....

PREPARATION:

....

....

....

MARINADE/RUB — MOP/BASTE:

....

....

....

....

....

....

....

....

....

COOKING NOTES:

....

....

....

....

....

....

....

COOKING TIME:
....

WEATHER:
....

RESULTS:
....

....

....

....

....

RATING:	1	2	3	4	5	6	7	8	9	10

ADDITIONAL NOTES:

....

....

....

....

....

TITLE:
....

MEAT:
....

NOTES:
....

....

WEIGHT:
....

WOOD:
....

PREPARATION:
....

....

....

MARINADE/RUB − MOP/BASTE:
....

....

....

....

....

....

....

....

COOKING NOTES:

....

....

....

....

....

....

....

....

....

....

COOKING TIME:

....

WEATHER:

....

RESULTS:

....

....

....

....

....

....

RATING: 1   2   3   4   5   6   7   8   9   10

ADDITIONAL NOTES:

....

....

....

....

....

TITLE:

....

....

MEAT:

....

....

NOTES:

....

....

....

WEIGHT:

....

WOOD:

....

PREPARATION:

....

....

....

....

MARINADE/RUB – MOP/BASTE:

....

....

....

....

....

....

....

....

....

COOKING NOTES:

....

....

....

....

....

....

....

COOKING TIME:

....

WEATHER:

RESULTS:

....

....

....

....

....

RATING:	1	2	3	4	5	6	7	8	9	10

ADDITIONAL NOTES:

....

....

....

....

....

DATE: _____ _____ _____

TITLE:
....
....

MEAT:
....

NOTES:
....
....
....

WEIGHT:
....

WOOD:
....

PREPARATION:
....
....
....

MARINADE/RUB – MOP/BASTE:
....
....
....
....
....
....
....
....
....

COOKING NOTES:

....

....

....

....

....

....

....

....

COOKING TIME:

....

WEATHER:

....

RESULTS:

....

....

....

....

....

RATING:　　1　　2　　3　　4　　5　　6　　7　　8　　9　　10

ADDITIONAL NOTES:

....

....

....

....

....

DATE: _____ _____ _____

TITLE:
....

....

MEAT:
....

....

NOTES:
....

....

....

WEIGHT:
....

WOOD:
....

PREPARATION:
....

....

....

MARINADE/RUB – MOP/BASTE:
....

....

....

....

....

....

....

....

....

COOKING NOTES:

....

....

....

....

....

....

....

....

COOKING TIME:

....

WEATHER:

....

RESULTS:

....

....

....

....

....

RATING:　　1　　2　　3　　4　　5　　6　　7　　8　　9　　10

ADDITIONAL NOTES:

....

....

....

....

....

TITLE:

....

....

MEAT:

....

....

NOTES:

....

....

....

WEIGHT:

....

WOOD:

....

PREPARATION:

....

....

....

....

MARINADE/RUB – MOP/BASTE:

....

....

....

....

....

....

....

....

....

COOKING NOTES:

....

....

....

....

....

....

....

....

....

....

....

COOKING TIME:
....

WEATHER:
....

RESULTS:
....

....

....

....

....

....

RATING: 1   2   3   4   5   6   7   8   9   10
....

ADDITIONAL NOTES:
....

....

....

....

DATE: _____ _____ _____

TITLE:

....

....

MEAT:

....

....

NOTES:

....

....

....

WEIGHT:

....

WOOD:

....

PREPARATION:

....

....

....

MARINADE/RUB – MOP/BASTE:

....

....

....

....

....

....

....

....

....

COOKING NOTES:

....

....

....

....

....

....

....

....

....

COOKING TIME:

....

WEATHER:

....

RESULTS:

....

....

....

....

....

RATING:　　1　　2　　3　　4　　5　　6　　7　　8　　9　　10

ADDITIONAL NOTES:

....

....

....

....

TITLE:
....

....

MEAT:
....

....

NOTES:
....

....

....

WEIGHT:
....

WOOD:
....

PREPARATION:
....

....

....

MARINADE/RUB – MOP/BASTE:
....

....

....

....

....

....

....

....

....

COOKING NOTES:

....

....

....

....

....

....

....

....

....

COOKING TIME:

....

WEATHER:

....

RESULTS:

....

....

....

....

....

RATING: 1   2   3   4   5   6   7   8   9   10

....

ADDITIONAL NOTES:

....

....

....

....

....

TITLE:

....

....

MEAT:

....

....

NOTES:

....

....

....

WEIGHT:

....

WOOD:

....

PREPARATION:

....

....

....

MARINADE/RUB – MOP/BASTE:

....

....

....

....

....

....

....

....

....

COOKING NOTES:

....

....

....

....

....

....

....

....

....

....

COOKING TIME:

....

WEATHER:

....

RESULTS:

....

....

....

....

....

RATING: 1   2   3   4   5   6   7   8   9   10

ADDITIONAL NOTES:

....

....

....

....

....

TITLE:
....

MEAT:
....

NOTES:
....

....

WEIGHT:
....

WOOD:
....

PREPARATION:
....

....

....

MARINADE/RUB – MOP/BASTE:
....

....

....

....

....

....

....

....

COOKING NOTES:
....

....

....

....

....

....

....

COOKING TIME:
....

WEATHER:
....

RESULTS:
....

....

....

....

....

| **RATING:** | 1 | 2 | 3 | 4 | 5 | 6 | 7 | 8 | 9 | 10 |

ADDITIONAL NOTES:
....

....

....

....

TITLE:

....

MEAT:

....

NOTES:

....

....

....

WEIGHT:

....

WOOD:

....

PREPARATION:

....

....

....

MARINADE/RUB – MOP/BASTE:

....

....

....

....

....

....

....

....

....

COOKING NOTES:

....

....

....

....

....

....

....

....

COOKING TIME:

....

WEATHER:

....

RESULTS:

....

....

....

....

RATING: 1   2   3   4   5   6   7   8   9   10

ADDITIONAL NOTES:

....

....

....

....

TITLE:
....
....

MEAT:
....
....

NOTES:
....
....
....
....

WEIGHT:
....

WOOD:
....

PREPARATION:
....
....
....
....

MARINADE/RUB – MOP/BASTE:
....
....
....
....
....
....
....
....
....

COOKING NOTES:

....

....

....

....

....

....

....

COOKING TIME:

....

WEATHER:

....

RESULTS:

....

....

....

....

RATING: 1   2   3   4   5   6   7   8   9   10

....

ADDITIONAL NOTES:

....

....

....

....

DATE: _____ _____ _____

TITLE:

....

....

MEAT:

....

....

NOTES:

....

....

....

WEIGHT:

....

WOOD:

....

PREPARATION:

....

....

....

MARINADE/RUB – MOP/BASTE:

....

....

....

....

....

....

....

....

....

COOKING NOTES:

....

....

....

....

....

....

....

COOKING TIME:

....

WEATHER:

....

RESULTS:

....

....

....

....

RATING: 1   2   3   4   5   6   7   8   9   10

ADDITIONAL NOTES:

....

....

....

....

TITLE:

....

....

MEAT:

....

....

NOTES:

....

....

....

WEIGHT:

....

WOOD:

....

PREPARATION:

....

....

....

....

MARINADE/RUB – MOP/BASTE:

....

....

....

....

....

....

....

....

....

....

COOKING NOTES:

....

....

....

....

....

....

....

COOKING TIME:

....

WEATHER:

....

RESULTS:

....

....

....

....

| **RATING:** | 1 | 2 | 3 | 4 | 5 | 6 | 7 | 8 | 9 | 10 |

ADDITIONAL NOTES:

....

....

....

....

TITLE:
....

MEAT:
....

....

NOTES:
....

....

....

WEIGHT:
....

WOOD:
....

PREPARATION:
....

....

....

MARINADE/RUB – MOP/BASTE:
....

....

....

....

....

....

....

....

....

COOKING NOTES:

....

....

....

....

....

....

....

COOKING TIME:
....

WEATHER:
....

RESULTS:
....

....

....

....

RATING: 1   2   3   4   5   6   7   8   9   10

ADDITIONAL NOTES:
....

....

....

....

DATE: _____ _____ _____

TITLE:
....
....

MEAT:
....
....

NOTES:
....
....
....
....

WEIGHT:
....

WOOD:
....

PREPARATION:
....
....
....
....

MARINADE/RUB – MOP/BASTE:
....
....
....
....
....
....
....
....
....
....

COOKING NOTES:

COOKING TIME:

WEATHER:

RESULTS:

RATING: 1   2   3   4   5   6   7   8   9   10

ADDITIONAL NOTES:

TITLE:

MEAT:

NOTES:

WEIGHT:

WOOD:

PREPARATION:

MARINADE/RUB – MOP/BASTE:

COOKING NOTES:

....

....

....

....

....

....

....

....

....

....

COOKING TIME:

....

WEATHER:

....

RESULTS:

....

....

....

....

....

| RATING: | 1 | 2 | 3 | 4 | 5 | 6 | 7 | 8 | 9 | 10 |

ADDITIONAL NOTES:

....

....

....

....

....

TITLE:

....

MEAT:

....

....

NOTES:

....

....

....

WEIGHT:

....

WOOD:

....

PREPARATION:

....

....

....

....

MARINADE/RUB – MOP/BASTE:

....

....

....

....

....

....

....

....

....

COOKING NOTES:

....

....

....

....

....

....

....

....

....

COOKING TIME:

....

WEATHER:

....

RESULTS:

....

....

....

....

....

RATING:	1	2	3	4	5	6	7	8	9	10

ADDITIONAL NOTES:

....

....

....

....

....

TITLE:

....

....

MEAT:

....

....

NOTES:

....

....

....

....

WEIGHT:

....

WOOD:

....

PREPARATION:

....

....

....

....

MARINADE/RUB – MOP/BASTE:

....

....

....

....

....

....

....

....

....

COOKING NOTES:

....

....

....

....

....

....

....

....

....

COOKING TIME:

....

WEATHER:

....

RESULTS:

....

....

....

....

....

RATING: 1   2   3   4   5   6   7   8   9   10

ADDITIONAL NOTES:

....

....

....

....

TITLE:

....

MEAT:

....

NOTES:

....

....

WEIGHT:

....

WOOD:

....

PREPARATION:

....

....

....

MARINADE/RUB – MOP/BASTE:

....

....

....

....

....

....

....

....

COOKING NOTES:

....

....

....

....

....

....

....

....

COOKING TIME:
....

WEATHER:
....

RESULTS:
....

....

....

....

....

| **RATING:** | 1 | 2 | 3 | 4 | 5 | 6 | 7 | 8 | 9 | 10 |

ADDITIONAL NOTES:

....

....

....

....

....

TITLE:

....

MEAT:

....

NOTES:

....

....

WEIGHT:

....

WOOD:

....

PREPARATION:

....

....

....

MARINADE/RUB – MOP/BASTE:

....

....

....

....

....

....

....

....

COOKING NOTES:

....

....

....

....

....

....

....

....

....

COOKING TIME:

....

WEATHER:

....

RESULTS:

....

....

....

....

....

RATING: 1   2   3   4   5   6   7   8   9   10

ADDITIONAL NOTES:

....

....

....

....

DATE: _____ _____   _____

TITLE:
....
....

MEAT:
....

NOTES:
....
....

WEIGHT:
....

WOOD:
....

PREPARATION:
....
....
....

MARINADE/RUB – MOP/BASTE:
....
....
....
....
....
....
....
....

COOKING NOTES:

....

....

....

....

....

....

....

COOKING TIME:

....

WEATHER:

....

RESULTS:

....

....

....

....

RATING: 1   2   3   4   5   6   7   8   9   10

ADDITIONAL NOTES:

....

....

....

....

29580460R00066

Made in the USA
Middletown, DE
21 December 2018